L'invasion Européenne en Chine et l'œuvre des
missions chrétiennes

L'invasion Européenne en Chine et l'œuvre des missions chrétiennes

Alexandre F. Ular

Le Mono Ed.

ISBN : 978-2-36659-667-0
EAN : 9782366596670

L'invasion Européenne en Chine

Documents chinois[1]

Les documents que j'ai, comme homme, le plaisir et, comme Occidental, la honte de publier m'ont été remis, parmi d'autres, par des amis chinois rencontrés au cours d'un voyage qui m'a permis d'observer l'affaire chinoise de derrière les coulisses. Entre moi et les envahisseurs européens se trouvait le théâtre des opérations militaires. Ces documents sont importants à trois points de vue. Premièrement ils montrent la situation telle qu'elle se présente aux yeux des Chinois. Deuxièmement, ils offrent la preuve

---

[1] Publiés en 1901.

7

objective du lamentable échec de la politique occidentale en Chine.

Troisièmement, ils font voir à nu notre civilisation. Transportée hors de son milieu et privée des multiples ficelles qui l'y maintiennent en posture décorative, la marionnette européenne apparaîtra ici telle qu'elle est, car elle est bien telle que la montrent les imprécations naïves et tragiques qu'on va lire.

Le commentaire que j'ai cru devoir ajouter se borne à l'élucidation des idées ou expressions qui pourraient sembler obscures à l'Européen non initié.

LETTRE PERSONNELLE EXPEDIEE DE TCHANG-TZIA-GOU-TING (KALGAN), LE 10 DECEMBRE 1900,

A MONSIEUR OU-SSE-GONG REPRESENTANT DE LA MAISON BAO-TCHOUEN-CHANG AU MAÏ-MAÏ-TCHENG D'OURGA.

Vénérable beau-père ! Pendant plus de six mois, toute communication postale à travers la Mer de Sable qui nous sépare, a été impossible, parce que, comme vous savez, les barbares de l'Océan Occidental ont fait une invasion belliqueuse dans l'Empire du Milieu. Ils ont forcé l'Empereur à quitter la Résidence, et ils ont culbuté le gouvernement ; ainsi aucun département administratif n'a plus pu fonctionner. Puis, ils ont, en assassinant et en pillant, envahi le pays non défendu. Ces infernaux criminels déclarent qu'ils sont en négociations de paix avec l'Empereur ; mais, en même temps, ils continuent à torturer le peuple d'une façon inouïe, avec une cruauté terrible et une joie diabolique. En comparaison de ces hordes avides de chiens enragés, ils étaient vraiment encore humains, ces renards de missionnaires qui ont produit tout ce malheur parce que leur commerce infâme allait si mal. Il n'est pas un parmi ces barbares qui n'ait mérité « les huit peines » à la fois. Ce ne sont pas des militaires, comme les « Tatars russes » : ce sont des brigands, des pillards, des voleurs, des aigrefins, des assassins, des bourreaux, des tueurs de vieillards et d'enfants, des violateurs de femmes et de filles, des menteurs, des tourmenteurs d'esclaves, — bref de diaboliques chrétiens.

J'ai voulu vous dire cela avant d'oser vous communiquer les horribles nouvelles que vous allez lire. Car la rage vaut mieux que le désespoir.

Aucune horreur n'a été épargnée à cette ville et à notre maison. Et je me suis demandé longtemps s'il ne vaudrait pas mieux que j'éteignisse volontairement ma vie... Vénérable beau-père, que le Ciel vous protège, et conserve votre vie et votre force ! Je reste seul ici de toute ma famille. Votre excellente fille, ma femme, a été, presque devant mes yeux, violentée par les bandes bestiales, et assassinée, le ventre coupé. Votre lumineux petit-fils, mon pauvre fils, a été tué d'un coup de revolver, parce qu'il pleurait trop. Et le nourrisson dont je vous ai fait savoir la naissance dans ma dernière lettre, a dû, pendant que je restais lié, grelotter seul : il a pris froid et il est mort après. Votre excellente fille, sœur de ma femme, fut, de même, violentée dans sa maison, mais échappa à la mort, ainsi que ses enfants. Son époux est en danger, car il a été traîné par les barbares à la Résidence, et gardé comme conducteur de chariots de butin. Moi-même, j'ai été cruellement maltraité, parce que, un moment, je m'opposai au pillage du magasin de soieries (j'avais déjà porté chez le préfet la presque totalité de l'argent que je possédais). Je ne sais pas pourquoi c'est moi justement qui ai dû échapper à la mort, tant d'autres ayant été assassinés !

Le désastre ne fut pas moins grand pour la propriété que pour la vie. Voici comment le pillage s'est effectué.

Des fugitifs arrivèrent de Hsiouen-boa, disant que les barbares s'avançaient, en pillant et en assassinant. On ferma les magasins. Les uns se rendirent chez le préfet, les autres dans leurs maisons. Bientôt les barbares arrivèrent. Ceux qui connaissent la Résidence, disent que c'étaient des « Pous ». Le préfet ne s'opposa à rien. Le commandant des barbares, un homme beaucoup trop jeune, ayant une barbe, et dont la figure brillait d'arrogance et de cruauté moqueuse, se fit montrer la maison du préfet, et entra sans se faire annoncer. Les soldats se répandirent, par groupes, dans les rues et pénétrèrent dans les maisons qui leur semblaient riches. Qui voulait s'y opposer était tué à coups de revolver ou à coups de sabre. Nulle part ils ne respectaient le seuil de l'habitation intérieure. Tous les domestiques, employés et autres qui le pouvaient, fuyaient. Souvent on leur criait quelque chose, et, quand ils ne revenaient pas, on tirait sur eux.

Notre quartier fut le dernier envahi, mais on ne pouvait quitter la ville sans tomber dans leurs mains.

Le commandant avait demandé au préfet vingt mille onces d'argent. La caisse était vide. Alors on le menaça, lui, ainsi que tous les gens riches, de mort et d'un pillage complet. Le préfet envoya chercher de l'argent chez tous les négociants ; mortellement effrayé, tout le monde en donna. J'ai donné deux cent cinquante onces des trois cent cinquante que j'avais en caisse. Bientôt le préfet en avait reçu plus de vingt mille ; mais le commandant des barbares empocha le tout. Nous étions plus tranquilles ; nous nous croyions libérés par le don d'argent. Erreur fatale !

C'est que les milliers de soldats n'avaient pas encore leur part. Ils trouvèrent des magasins d'eau-de-vie qu'ils pillèrent. Beaucoup d'entre eux furent complètement ivres. On pénétra dans toutes les maisons. Il fallait indiquer où se trouvaient des marchandises ou objets précieux, ou bien on vous maltraitait d'une façon horrible. Un grand nombre de gens qui s'opposaient au pillage furent tués dans leur propre maison. Tous les objets de valeur furent portés dans la rue. On garrottait les hommes.

Le mari de votre fille, sœur de ma femme, voulut défendre à ces démons l'entrée de l'appartement intérieur : on le battit avec des fusils et on l'attacha à un poteau. Quatre de ces chiens entrèrent. Les servantes cherchèrent à s'enfuir, mais furent appréhendées dans la cour par huit autres brigands qui, en riant, les violèrent. Votre fille, épouvantée, semble heureusement avoir vite perdu connaissance ; on la trouva plus tard, évanouie, manifestement à la suite d'infâmes outrages. Dans ma maison, ce fut bien pis encore. On pénétra, on me terrassa, et on me garrotta. Tout fut saccagé. J'étais furieux ; car j'avais déjà donné mon argent.

« J'ai payé ! j'ai payé ! criai-je en anglais. Vous n'avez pas le droit de prendre ceci ! »

L'un d'eux me comprit, et me dit quelque chose en ricanant affreusement. J'ai compris qu'ils avaient l'ordre de leur empereur, d'assassiner tout le monde et de voler tout. Je me tordis dans les cordes. Cinq pénétrèrent dans l'appartement intérieur. J'entendis les cris des femmes, et des rires affreux. Désespéré j'appelai ma femme. Elle répondit en criant au secours. Et je ne pouvais me dégager. Je vociférai :

« C'est un ignoble brigand, votre empereur, un massacreur, un sale violateur de femmes, un porc puant ! »

On tira un coup de fusil. Ma femme poussa un cri horrible. Je hurlais, fou. Je reçus un violent coup de pied dans le ventre et perdis connaissance.

Quand je me réveillai, il faisait nuit ; Je criai au secours. Monsieur Ou m'entendit, il arriva avec une lampe. Il me détacha. Les assassins étaient partis. Mais, horreur ! dans l'appartement intérieur gisaient ma femme, morte, le ventre ouvert, après d'horribles violences, mon fils, le crâne fracassé, et les deux femmes de chambre, tuées à coups de sabre, violées elles aussi, — et le nourrisson malade. Je ne pouvais pleurer. J'étais fou de rage. Je criais vengeance. Jamais des innocents n'ont été aussi horriblement torturés…

Monsieur Ou m'entraîna et me cacha dans son magasin, maintenant vide. Là je fus malade. Mais je fis le vœu de torturer et de tuer lentement autant de ces barbares qu'il me sera possible. Et, comme pour moi il n'y a pas de possibilité de le faire, j'implorai le Ciel d'envoyer sur la terre un homme noble qui abatte l'empereur de ces barbares, comme une bête malfaisante, — ce serait justice, — et le précipite dans l'enfer pour qu'il y soit jugé par le suprême juge…

D'ailleurs, tout mon bien est perdu. Les brigands ont chargé deux cent trente chariots de tous les objets volés, et les gens volés ont dû eux-mêmes conduire les chariots à la Résidence. Mon beau-frère aussi a été emmené de cette façon.

Plus d'un millier d'assassinats ont été commis. Pourquoi le Ciel permet-il cela ?

Quant à votre honorable fils, je ne sais où il est, ni même s'il vit encore. Après avoir battu le missionnaire usurier de Paoting, comme il l'avait juré, il s'est enfui. Cet été, il était à Taï-yuan. Depuis que l'Empereur s'est rendu à Taï-yuan et puis à Hsi-ngan, je n'ai plus eu de ses nouvelles.

Mais, mon vénérable père, permettez-moi de souhaiter pour vous, que vous ayez de la patience et de la force dame. La loi du Ciel dirige le Tout.

Dans cinq jours, par le prochain courrier, je vous enverrai encore des nouvelles. Qu'elles soient meilleures !

Je prie pour votre bien-être.

LETTRE PERSONNELLE EXPÉDIÉE DE TCHANG-TZIA-GOU-TING, LE 15 DECEMBRE 1900,

A MONSIEUR OU-SSE-GONG, REPRESENTANT DE LA MAISON BAO-TCHOUEN-CHANG AU MAÏ-MAÏ-TCHENG D'UORGA.

Vénérable beau-père ! J'ai sacrifié aux ancêtres de votre sublime fille, ma femme, assassinée, pour qu'ils vengent les horreurs perpétrées sur votre famille et pour qu'ils vous donnent la force de supporter votre douleur. Notre famille est détruite, le foyer familial éteint à tout jamais ; et des « quatre relations sociales », il n'en existe plus pour moi que deux. Pourquoi tout ce mal ?

Cependant, ce qui a été épargné de notre famille va mieux. Votre excellente fille, sœur de ma femme, était malade de honte et de douleur, et elle aurait peut-être attenté à ses jours, si ses servantes et son amour maternel ne l'avaient retenue. Notre angoisse au sujet de son mari, qui avait été emmené à la Résidence, était heureusement mal fondée. Il est rentré hier soir, sans ses chevaux et ses voitures cependant, que les barbares lui ont pris. Il a, en vérité, échappé à la mort uniquement parce que son destin l'a voulu ainsi. Et son voyage et ce qu'il a vu à la Résidence pendant une journée nous ont appris quel sort épouvantable frappe le peuple chinois et quelle est la turpitude à jamais mémorable des ignobles barbares et de leurs empereurs.

Seuls les Ous ressemblent à des êtres humains ; les Pous, qui sont le plus grand nombre, se conduisent d'une façon abominable ; rien de si atroce n'est rapporté dans les annales des dynasties Kin et Yuan, touchant l'invasion des Tatars. Et alors, les Chinois savaient qu'ils étaient en guerre et pouvaient se défendre, tandis que maintenant le gouvernement dit que nous ne devons pas bouger, et l'on nous assassine lâchement. Tous les Chinois que les Pous trouvent hors de la Résidence sont tués.

Mon honorable beau-frère n'a presque rien pu manger pendant tout le voyage jusqu'à la Résidence. On l'a beaucoup battu, et les barbares, véritables animaux carnassiers qui ne savent même pas manger comme il faut, l'ont employé comme esclave et l'ont traité comme jamais maître chinois ne traiterait ses domestiques.

On n'a pas voulu lui permettre de satisfaire ses besoins naturels, et quand, dans la nuit, il fut malade, les soldats qui gardaient les prisonniers, prirent ses excréments et les lui étalèrent sur la figure en l'interpellant avec d'abominables rires. Quelques-uns de ses compagnons ont essayé de s'enfuir : on les a tués à coups de fusil.

À la Résidence, il règne un désordre lamentable. Le maître de la ville est le général des Pous, un voleur, une bête féroce et malfaisante, comme tout le monde dit, qui, à lui seul, a fait plus de mal que tous les criminels détenus dans les prisons d'État. Toute la population est en danger de mort. Jamais anarchie plus complète n'a existé, depuis le commencement de l'Empire.

Avec le contenu des deux cent trente chariots d'objets volés, on a fait une grande criée sur une place de la Résidence. Mon beau-frère, ayant tout perdu, n'a pu y prendre part. Le tout a été acheté par d'ignobles officiers barbares et des marchands. Trois pièces de soie brodée qui lui appartenaient, et qu'il avait voulu vendre trente onces chacune, ont été achetées par un prêtre pour une bouteille d'eau-de-vie ! Les deux dragons de bronze du salon intérieur, qui lui sont venus de ses aïeux de la quatrième génération, de valeur inestimable, ont été achetés par un officier Ying, contre deux bouteilles de Champagne. Et ainsi de suite. Un commerce pire que celui des missionnaires!

À la Résidence, le palais impérial a été souillé, les ambassadeurs et leurs femmes mêmes ont volé les inestimables objets d'art des appartements intérieurs. Ces ignobles contempteurs des sciences ont brûlé en partie la grande bibliothèque ; et, comme des chiens pour un os, ils se sont, dit-on, battus entre eux pour les célèbres instruments de l'observatoire impérial.

Quand mon beau-frère a voulu retourner ici, les habitants lui ont dit de rester ; car, dans la ville, sa vie est à peu près sûre, mais dans la campagne il serait certainement pris et tué. Le général des barbares, infernal bourreau qu'on appelle Oua-da-sze, a ordonné à ses Pous, avides de sang, de prendre tous les Chinois, de faire des battues pour en prendre, et de les tuer comme rebelles. Il est cruel à ce point, que les Ous s'en montrent horrifiés ; et si c'est vrai, comme on dit ici, que l'empereur des Ous veuille protéger les Chinois et que les Tha-tse arriveront ici par la Mer de Sable pour nous libérer des brigands, que le ciel lui donne le bonheur d'exterminer ces diaboliques Pous ! Il sera béni de tous les Chinois.

Les Pous, en effet, comme pour une chasse au cerf, battent les champs pendant deux ou trois jours et prennent toutes les personnes qu'ils trouvent ; quand ils en ont deux ou trois cents, ils les emmènent au bord du Hun-ho. Là, ils les mettent en ligne, au bord, le dos vers l'eau. Puis à quelque distance, ils forment une autre ligne. Et alors ils se ruent, baïonnette en avant, sur les victimes qui périssent ou bien percées ou bien précipitées dans l'eau ; ceux qui se jettent à l'eau pour se sauver à la nage servent de cible aux fusils de ces lâches assassins.

Non seulement les Chinois le racontent, mais même les Ous. Mon honorable beau-frère rencontra heureusement un officier Ou qu'il osa aborder en utilisant sa connaissance de la langue russe du màï-maï-tcheng. Il lui raconta son malheur et demanda comment il pouvait faire pour retourner chez lui. L'officier semblait indigné des ignominies des Pous ; et il lui dit que le chef des dévaliseurs de notre ville était mort. Nous tous remercions le ciel d'avoir exterminé ce crapaud venimeux.

L'officier le fit attendre à la porte du palais impérial ; car tout le monde entre maintenant dans la ville impériale. Et en sortant, l'officier lui donna une fiche qui le faisait conducteur d'un chariot de thé pour notre ville, et ajouta deux onces d'argent pour la route ; car il faut, hélas ! prendre des provisions comme si l'on traversait le désert. Le transport de thé arriva bien ici ; c'était en grande partie le même thé qu'on avait volé ici, que l'on avait vendu pour rien à la criée, et qu'on a dû racheter cher. On est deux fois volé ainsi.

Quand sera la fin de tous ces désastres ? Quand l'empereur égorgeur sera-t-il frappé du ciel comme le saccageur de notre ville ?

De mes propres affaires je ne veux plus rien écrire. Mais soyez content encore que de vos excellentes filles, l'une au moins (et toute sa famille) soit sauve. Car être déshonorée par la force bestiale serait-ce plus déshonorant que d'être mordue par un chien enragé ? C'est un malheur, non pas une honte.

Que le Ciel vous donne la tranquillité de l'âme !

J'élève un autel à la sublime mémoire de votre vertueuse fille, mon épouse, assassinée pour sa vertu. Et je prie pour notre vengeance et pour votre bien-être.

TSIEN-LAO-GONG

張家口由庫倫往

寶壯商記　家書

內要函祈順帶買賣城轉交（）俟總公感（）

L'enveloppe de la lettre du 10 décembre 1900.

31

Ces lettres montrent nettement quel est le fruit de la campagne chinoise. Les prétoriens occidentaux n'ont point par leurs exploits préparé une base à des empires coloniaux ou même à de simples sphères d'influence commerciale : ils ont préparé le terrain à la suprématie russe. Ce résultat grave semble, à première vue, inexplicable ; qu'il suffise de dire qu'il n'est pas un hasard, mais le fruit attendu d'une politique de longue main.

Ce qui frappe, dans toutes les lettres se rapportant à l'invasion européenne, quels qu'en soient le lieu d'expédition et l'occasion, c'est qu'on y trouve mentionnés l'antagonisme russo-allemand, la haine du kaiser et le messianisme du tsar ; les autres alliés ne se sont pas implantés dans l'esprit du Chinois.

Ce qui frappe surtout, c'est le fait qu'on ne parle, dans la Chine septentrionale au moins, presque plus des Anglais. On n'en fait mention que quand on stigmatise les procédés commerciaux et autres des missionnaires heureusement mis à la porte. Leur prestige est maintenant absolument nul. Les horreurs allemandes les auront vite fait oublier, et dans le temps encore assez lointain où l'on pourra s'occuper dans le malheureux pays, de travaux pacifiques, ils paraîtront toujours au peuple dans une lumière beaucoup plus sympathique que les Allemands. À quelque chose malheur est bon.

Quant aux Français, je ne les ai trouvés qu'une seule fois, et heureusement à une occasion honorable relatée dans le document suivant. Il convient cependant d'ajouter que dans les autres occasions où Français et Allemands ont marché ensemble, c'est probablement le plus grand prestige criminel des Pous qui fait qu'on ne parle pas des Fats.

LETTRE PERSONNELLE EXPEDIEE DE TCHING-
TING, LE 19 DECEMBRE 1900,

À MONSIEUR I-TSAI-MING, À ERDENI-TSIOU.

Mon honorable frère aîné ! Le ciel soit
loué : vous ne séjournez pas, par ces temps
troublés, à l'intérieur de la Grande Muraille.
Car nos malheurs sont extrêmes. Je vous
écris cette lettre pour que vous sachiez où il
vous faudra adresser le courrier ayant trait à
la société Ko-loun. Et j'écris en hâte. La
communication avec la direction centrale est
impossible. Depuis ma dernière lettre, le
pays a subi l'invasion des Transocéaniens,
qui se sont conduits (hélas ! les peuples
nomades et brutaux qui tombent sur notre
nation pacifique ont toujours montré le
même caractère) plus odieusement presque
que ces Mongols dont parlent les annales de

la dynastie Ming. Car ces Transocéaniens ne se contentent pas de tuer et de piller tout simplement : mais ils arrivent en amis, et une fois tout arrangé, ils commettent, en ne tenant plus compte des engagements qu'ils viennent de prendre, les pires outrages à l'humanité.

Donc, comme vous voyez, je me trouve à Teliing-ting et je demeure chez notre ami d'affaires Ou-ting-yuan. Ceci revient à dire que Pao-ting a été saccagé par les Pous, et que j'ai dû fuir. De mon avoir je n'ai pu emporter que très peu de chose. Car, — comme, en fervent serviteur de Fo, je m'étais laissé introduire dans la société des Grands Poings et que j'avais prêté serment sur les six syllabes, et que les Transocéaniens, partout, tuent ou torturent les Grands Poings, — j'ai dû me sauver en toute hâte. Et il est vraiment heureux que mon mariage avec Mlle Tchou au lys d'or n'ait pas encore eu lieu. Le stock en magasin appartenant à la Société, je n'ai donc ni perte d'êtres chéris, ni perte de fortune à déplorer. Ma fuite de Paoting a été motivée par les faits suivants.

Les Transocéaniens arrivèrent devant la ville un soir. C'étaient ceux qui s'appellent Fats et qui se distinguent par des drapeaux composés de trois bandes verticales de couleur différente. Leur général envoya sa carte de visite au préfet, et ajouta certainement des observations rassurantes. Bref, ordre fut donné d'ouvrir les portes de la ville. Les Fats entrèrent et occupèrent les maisons de la rue de l'Est, où ils s'installèrent ; ils demandaient à manger et le reste. On leur donnait ce qu'ils demandaient. El ils ne commettaient guère de méfaits. Le préfet eut à payer une assez forte contribution. Et les Fats hissèrent leur drapeau sur les portes de la ville. On ne fit mal à personne. Et le préfet afficha une proclamation disant que personne n'avait à craindre ni pour sa vie ni pour ses biens. Le général Fat lui en avait donné garantie. Mais voici comment tout cela tourna en désastre.

Les Fats étaient arrivés depuis trois jours, quand surgit une immense troupe d'autres Transocéaniens : c'étaient les terribles Pous, dont le carnassier empereur, qui, à ce qu'il paraît, commande aussi aux Fats, extermine sauvagement le peuple Han. Il y eut une panique d'abord ; surtout quand on vit que ces Pous avaient ravagé tout le pays par eux parcouru, détruit la moisson, brûlé les villes, et tué tout le monde. Il y eut à la porte du Nord, dit-on, une vive altercation entre le général Pou et le général Fat, et les soldats Fats se préparèrent au combat contre les Pous. Mais les Pous sont les maîtres des Fats, malheureusement ; le général Fat, au milieu de sa discussion avec le général Pou, envoya un des interprètes chez le préfet, et celui-ci, aussitôt, envoya crier par les rues que tous ceux, et surtout les Grands Poings, qui, pour une raison ou pour une autre, avaient à craindre les Pous, devaient se sauver, la ville passant aux mains des Pous.

La fuite fut terrible. Mais enfin, je suis en sûreté. Si j'avais habité la rue du Milieu, j'aurais été perdu. Les immondes Pous, mettant de côté la promesse des Fats, pillèrent et incendièrent notre grande ville. Ils assassinèrent le préfet et deux cents honorables marchands pour leur prendre de l'argent. C'est tout ce que j'en sais jusqu'à présent. Personne n'ose bouger. Et je resterai ici aussi longtemps que possible. Quel bonheur pour vous, d'être là-bas à l'abri des déboires ! car on sait que les Outha-tse vous protègent. Si, bien vite, ils voulaient seulement avancer, rejeter à la mer ces infernaux Pous et rétablir l'ordre !

— Les affaires sont naturellement totalement arrêtées.

Enfin, « tout provient du ciel, tout rentre au ciel ». Écrivez bientôt ; vous me feriez un bonheur. Je vous dis mes souhaits de bien-être et de réussite. Je suis votre bien petit et stupide frère cadet.

Il ne faut pas croire que la situation, telle qu'elle se dessine dans La tête des simples citoyens, soit purement imaginaire. Cette situation est aussi bien « politique » que sentimentale. On en voit la preuve dans ce fait que l'intervention russe était attendue et souhaitée même à la Cour impériale, et même par ceux qui n'étaient pas dans le secret des dieux. (Quant à ceux qui savaient à quoi s'en tenir, ils étaient renseignés par le télégraphe direct de Pétersbourg, par Omsk et Kouldja, à Haï-ngan même.) Dans cet ordre d'idées, le document suivant me semble d'une grande importance. C'est un extrait d'une lettre venant de Hsi-ngan-fou, résidence actuelle de la Cour, écrite par un haut fonctionnaire que je n'ose désigner par peur de lui nuire, et adressée à Ourga au mois de janvier. La signature de ce mandarin ne le compromettra pas, étant donné la superficialité des diplomates. Je ne peux, pour des raisons de convenances personnelles, nommer le destinataire. La lettre m'a été apportée à Kiakhla par un ami.

On remarquera l'allure tout à fait calme et quasi-politique de cet extrait. Ce mandarin n'est certes pas un homme, qui, comme l'auteur des deux lettres de Kalgan, remplace le froid raisonnement par des cris de vengeance et qui prend ses désirs personnels pour des réalités.

LETTRE DE M. T..., HAUT FONCTIONNAIRE DU HOU-POU,

A MONSIEUR S..., SECRETAIRE, A OURGA.

Je suis bien aise, mon vénérable oncle, que vous vous trouviez au maïmatchin nord, que vous soyez donc sous la projection sûre des Ous. Vous vous trouvez donc déjà dans une situation que nous, moins favorisés, ne pouvons qu'espérer.

Les nouvelles concernant les dévastations occasionnées par les Pous, malgré le cours des négociations de paix, sont affreuses. Le gouvernement ne peut protéger le pays., Mon vénérable ancien maître, M. Ou..., membre des Han-lin (Académie) et membre de la Cour de cassation, m'a cependant dit que le gouvernement compte enfin sur l'assistance effective de l'empereur des Ous, lequel se trouve maintenant en profond antagonisme avec ce criminel empereur des Pous qui fait perpétrer d'extraordinaires sévices sur des populations entières qui ignoraient jusqu'à son existence. Mais vous devez être mieux au courant de la marche de l'action russe que moi ; et à cette heure vous avez peut-être déjà vu avancer les Tatars russes vers le sud pour, au profit de tous, libérer ce pays des envahisseurs transocéaniens. On espère que peut-être le général Pou sera assez imprudent pour mettre en colère l'empereur des Ous en occupant des territoires que l'empereur des Ous ne peut pas laisser dans les mains d'un rival ; ou que d'une autre façon l'inévitable conflit entre Pous et Ous sera précipité. Car les Ous sont amis des Han.

Il est à souhaiter que l'affaire de l'argent soit bien vite réglée Et je vous écris cette lettre surtout pour que vous insistiez auprès du... Amban sur la nécessité absolue de dédoubler le service. Nous sommes en embarras....

Signé :

En résumé, il est avéré que les opérations communes de la Chine et de la Russie contre l'Occident coalisé ont réussi. Il est avéré que l'Occidental a fait preuve, en sortant de son milieu, d'un manque de dignité lamentable. Il est avéré que la fière

Europe vient d'essuyer en Chine un échec désastreux au point de vue politique, au point de vue pratique et au point de vue moral.

L'Œuvre des Missions Chrétiennes en Chine

DOCUMENTS CHINOIS ET OBSERVATIONS

Ce qui devrait surtout retenir à présent l'attention de ceux qui étudient la question chinoise et ses origines, c'est l'œuvre politique des missions chrétiennes en Chine. Ce n'est pas que leur œuvre civilisatrice soit nulle : elles ont, au contraire, fourni à la nation chinoise les plus précieuses indications et l'ont ramenée, en haine de la pseudo-barbarie européenne, aux vénérables notions primitives de sa tradition nationale. Mais, pour les occidentaux qui ont provoqué le choc pernicieux, la question est entière dans le point de vue politique.

De ce point de vue, la situation désastreuse des occidentaux en Chine est presque caractérisée déjà par le nom que le Chinois applique à ceux qui ont la prétention d'introduire la religion chrétienne dans le système quasi-parfait de la société chinoise. On appelle les missionnaires *Tchouan-hsi-tziao-chi* : savants propageant la doctrine d'*Occident*.

La signification politique de cette expression est qu'elle ne saurait concerner des missionnaires russes.

Le contact séculaire et relativement intime de la Russie avec la Chine aura eu deux conséquences capitales : le Russe n'est pas pour le Chinois l'*Occidental* au même titre que les autres Européens, il est le voisin *Septentrional*, et le Russe connaît trop bien la civilisation chinoise pour prétendre agir sur l'esprit populaire par le moyen d'un mysticisme tenu pour vain par les moralistes chinois d'il y a trente siècles.

La Russie n'a pour ainsi dire pas de missions en Chine. Son établissement religieux à Pékin a un rôle bien différent des établissements occidentaux. Il constitue, près la Cour impériale, une sorte d'ambassade spirituelle du genre de celles que, dans les temps anciens, le patriarche des nestoriens et le cheïkh-oul-islam des Chiites entretenaient à la cour des empereurs mongols. Cette mission russe a eu surtout pour objet jusqu'à présent de publier des dictionnaires ou tels livres de grande portée scientifique : c'est en réalité la légation du pape orthodoxe (lequel est le Tsar) près le Fils-du-Ciel en tant qu'il porte ce titre symbolique de chef spirituel suprême de la nation chinoise.

L'orthodoxie russe n'est expansive qu'en Europe. En Asie, le Tsar affecte d'être pape orthodoxe pour les Russes, cheïkh-oul-islam pour les musulmans et royamtso-lama pour les bouddhistes. C'est tout le secret de la puissance russe en Asie. Il semble qu'on le devine en Occident : même on ose s'en plaindre. Ce seul fait prouve que se plaindre de l'absence des missions russes en Chine ou se plaindre de l'existence de missions occidentales est tout un : c'est comme si l'on avouait qu'on craint que l'œuvre des missions ne soit tout à l'avantage de celui qui n'en a point et qu'elle est funeste à l'influence des États occidentaux qui autorisent et même appuient l'œuvre ténébreuse de leurs émissaires religieux.

Au point de vue militaire, cela paraît établi, le prestige sinistre de l'Occident a créé par réaction la russophile en Chine ; de même l'œuvre des missions de l'Occident a fait aimer la Russie qui, en bon commerçant laïque, se garde bien d'abriter des affaires véreuses de l'écran sacro-saint d'un principe supraterrestre. Car, et ceci est l'essentiel, les missions en Chine n'ont jamais fait œuvre utile à la religion.

Elles ne l'ont pas pu, même en écartant les raisons psychologiques, parce que la rivalité entre catholiques et protestants a ôté toute leur force probante aux principes chrétiens (toujours en admettant que cette force existe, ce qui n'est pas vrai quand on parle des Chinois). Les Chinois ont été forcés par les missions mêmes de faire une distinction rigoureuse entre les sectes chrétiennes. Les catholiques leur ont dit que seule la doctrine du Tien-tchou « Seigneur-du-Ciel », était la bonne. Les protestants ne manquent pas de les mettre en garde contre cette erreur ; ils prétendent que seule la doctrine du Yé-sou « Jésus » est la vraie. Et, les moujiks sont fins ; ceux des orthodoxes, qu'on interpelle, répondent que Tien-tchou et Yé-sou c'est la même chose, que leurs sectes sont schismatiques, qu'elles ne savent pas ce qu'elles veulent et que ce sont là des *Hsi-tziao* « doctrines d'Occident » qui ne valent rien puisqu'on réfute mutuellement jusqu'aux principes primordiaux.

Il sera permis de rappeler que le même argument a été invoqué contre le christianisme par le clergé bouddhique aux xive et xve siècles. On n'ignore pas, en effet, qu'au moyen âge, le christianisme nestorien avait une puissance telle que le pays traversé par la « Route impériale » était chrétien depuis Tarabousine jusqu'à Pékin ; qu'il y eut dans cette ville des églises chrétiennes et qu'à la Cour impériale les grands prêtres jouaient un grand rôle : la mère de Khoubilaï, lequel est le plus grand monarque que l'humanité ait produit, fut chrétienne. Or cette gloire nestorienne inquiéta l'esprit borné des papes romains. À partir du règne de Grégoire XII on envoya en Asie des missionnaires pour convertir les nestoriens. Le clergé bouddhique démontra que les chrétiens n'étaient pas sûrs eux-mêmes de ce qu'ils croyaient et... un siècle plus tard, jusqu'au nom chrétien était oublié.

— Ce n'est qu'un parallèle.

Il faut reconnaître que les missions catholiques ont remporté des succès singulièrement plus grands que les protestants. Mais le caractère même de ces succès montre combien ils diffèrent de ceux qu'on leur attribue en Occident. Il suffit de les décrire pour faire voir qu'ils ne sont en proportion ni des progrès du catholicisme, ni de l'appui fourni par les gouvernements européens et qu'en outre ils ne sont point pour fortifier l'influence occidentale dans les contrées où ils ont été remportés.

Les missionnaires catholiques sont devenus simplement beaucoup plus chinois que protestants. Dans la majorité des cas ils parlent fort bien chinois. Ils ont encore cet avantage énorme sur leurs rivaux que le culte catholique qui, comme on sait, est entièrement emprunté aux anciens cultes bouddhiques, offre une ressemblance frappante avec certaines pratiques religieuses du pays. La vénération de saints, l'emploi de l'encens, l'existence d'icônes que l'on adore, la non-participation de la commune à l'office même, le caractère fastueux du culte qui impressionne surtout du côté extérieur et ne demande rien à l'assistant, la confession enfin, et jusqu'à l'idée de la transsubstantiation empruntée toute entière au bouddhisme : tout cela devait, non pas, bien entendu, faire adopter plus aisément par les Chinois la religion chrétienne, mais leur rendre plus facile l'adhésion à la commune chrétienne, d'autant que les catholiques faisaient des concessions très larges, si larges qu'elles devraient convaincre les plus fervents défenseurs européens de l'église que leurs missions ne sont plus chrétiennes. On adoptait dans la confection des icônes les principes du symbolisme chinois, et l'on arrivait à peupler les églises de saints à gros ventre (le ventre symbolise l'âme chez les Chinois), d'emblèmes bouddhiques et chinois, d'attributs expliquant aux croyants chinois les pouvoirs spéciaux des idoles d'après la conception chinoise : Saintes-Céciles jouant de la mandoline chinoise, Saints-Jeans à longue tresse, Dieux-pères à gueule et ventre fabuleux, Dieux-fils accroupis comme des grenouilles. Saints-Esprits à bras multiples, voilà qui est tout à fait catholique en Chine. Les églises deviennent des pagodes, les prêtres des bonzes. Ils portent presque toujours le costume des ecclésiastiques chinois, et souvent la tresse.

Ce sont là, dira-t-on, des expédients tout extérieurs adoptés pour inculquer plus facilement au peuple l'esprit chrétien ; que c'est le baptême qui rend chrétiens les adhérents des missions, et que le reste importe peu. Fort bien ; mais on fait semblant d'ignorer que la cérémonie même du baptême est d'invention bouddhique : d'ignorer qu'une cérémonie de ce genre est pour le Chinois la cérémonie d'adhésion à n'importe quelle « société secrète ». C'est cette cérémonie justement qui fait la ressemblance pour les Chinois d'une commune chrétienne avec toutes autres sociétés secrètes, *lesquelles poursuivent toutes des objets incompatibles avec le droit chinois* et, *mutatis mutandis*, tiennent en Chine l'emploi justement des congrégations ou, si l'on veut, des ordres maçonniques en France ; on feint de croire, surtout, que les missions cherchent à faire vivre l'idée chrétienne dans l'âme des convertis. Or, comment serait-ce possible ? Le culte est extérieur, mais il est tout. Si l'on « convertit » le Chinois, on lui fait accepter le culte. C'est là que s'arrête l'action psychologique du missionnaire. Pour le reste, le Chinois ne le comprendrait même pas. Le missionnaire lui dira la splendeur de l'amour du prochain : le Chinois lui récitera mille vers de ses classiques qui ne le cèdent en magnificence à aucun passage de l'Évangile. Si on lui expose la dogmatique de l'Église romaine, le Chinois ou bien demandera des « preuves » ou bien simplement à quoi elle lui servira. Qu'on veuille lui démontrer qu'il faut appliquer le principe de la charité chrétienne : le Chinois ouvrira la main... Nous voici au point essentiel.

L'entrée du Chinois dans la commune est une affaire tout extérieure. Mais cette entrée comporte le désavantage d'être affilié à une association qui est en dehors de la loi chinoise. Ce désavantage doit être compensé : il l'est par l'appui financier et par l'injuste protection des ambassades qui permet de perpétrer tous les méfaits sans avoir à redouter l'intervention de la justice chinoise.

Ces indications aident à découvrir où réside l'intérêt de l'Église romaine à appuyer ses missions en Chine. Que ce soit véritablement la propagation de la foi catholique, on peut le croire à Rome et peut-être même dans les ambassades de Pékin qui sont les endroits les moins renseignés du monde sur tout ce qui concerne la Chine. On peut même, à la rigueur, imaginer un jeune missionnaire, nouveau-venu, plein de préjugés, et ignorant, qui croit travailler à la plus grande gloire du dieu des catholiques. Mais les véritables missionnaires et leurs directeurs ne sauraient arguer de leur bonne foi. La mission, en tant qu'elle revêt encore un caractère religieux, ne fait au plus que chasser au prosélyte, — surtout en présence des rivaux protestants. Alléchés par la perspective de faire partie d'une société puissante et riche qui manifeste son amour du prochain (s'il est affilié) dans la forme la plus concrète, séduits en outre par la facilité de s'assimiler les pratiques de cette société qui ne demande même pas de serments terribles et pouvant entraîner des responsabilités graves, des personnes pauvres qui ne demandent qu'à se lancer, des banqueroutiers qui voudraient relever leur crédit grâce au prestige de la mission qui est au-dessus de la justice, des individus sans aveu, enfin tout ce qui vit en marge de la société, se laisse facilement convertir.

Tout naturellement cette commune (en Chine rien n'est possible autrement) devient une association solidaire bien plus en matière économique qu'en matière religieuse. Quant aux missionnaires ils deviennent presque malgré eux les chefs de cette association : deviennent conseillers d'administration, deviennent commerçants. C'est alors que se marque la qualité de l'intérêt porté par l'Église aux missions chinoises… Du commerçant à l'exploiteur il y a peu de distance. D'association à la bande de conspirateurs il n'y en a pas d'avantage. De l'exploiteur au criminel il n'y a plus qu'un pas. De la conspiration à la bande de criminels c'est la même chose. Si, par surcroit, il est avéré que ni le grand criminel ni la bande de criminels n'est justiciable de la justice du pays, et que, pour comble d'ignominie, il soit décrété publiquement que l'un comme l'autre ne sont justiciables que de la justice appliquée par les criminels-chefs eux-mêmes — qu'on imagine ce qu'un peuple européen fera. Il se fera justice lui-même. La Chine a le droit, le devoir de faire de même. La situation des missions en Chine est celle de ces criminels-chefs.

Leur caractère a d'ailleurs été maintes fois dépeint. Il est, du reste, le même pour les protestants que pour les catholiques, avec cette différence toutefois que les protestants, qui ne sauraient assimiler leurs pratiques aux habitudes chinoises autant que les catholiques, se voient obligés de travailler avec un peu moins d'hypocrisie. La façon de procéder et la nature des associations chrétiennes en Chine une fois définies, on s'explique comment les excès extrêmes ont pu être atteints récemment par les ecclésiastiques. Ces excès sont, quant à leur genre, suffisamment résumés dans les deux documents qui suivent. Leur provenance est la même que celle des documents publiés ici-même il y a un mois.

LETTRE PERSONNELLE EXPEDIEE DE LA VILLE
DE TCHANG-TZIA-GOU,

LE 2 FEVRIER 1901

A M. OU-SSE-GONG, REPRESENTANT DE LA
MAISON BAO-TCHOUEN-CHANG AU MAÏ-MAÏ-
TCHENG D'OURGA .

Vénérable beau-père ! Au moment où
j'écris cette lettre vous aurez sans doute
reçu mes deux lettres, et vous saurez quels
lamentables événements ont frappé votre
famille et tout le peuple chinois. Que le ciel
vous donne le courage de supporter ces
revirements du destin !.

Il s'est produit dans tout l'Empire du
Milieu d'innombrables faits semblables à
ceux qui ont éprouvé votre famille. Tout est
à l'anarchie et la situation du peuple est telle
qu'il n'est même pas possible d'observer le
deuil d'après les règles du rite. Il faut
s'occuper comme à l'ordinaire de toutes les

affaires pour ne pas être affligé de nouveaux désastres et pour sauver ce qui reste à sauver.

Les affaires commerciales sont nécessairement nulles. Les troubles militaires continuent encore. Mais les Ous, à ce qu'il parait se rapprochent vite du nord-est pour rétablir l'ordre. Nos affaires domestiques vous sembleront cependant d'une importance plus grande.

Ce qui reste ici de votre famille va bien, quoique tout le monde se trouve maintenant réduit à la pauvreté et même à la mendicité. La nouvelle la plus importante cependant que moi, votre petit gendre, j'ai à vous communiquer, est que j'ai reçu des nouvelles relativement bonnes de votre lumineux fils. C'est à lui que se rapportent les deux feuilles qui se trouvent ajoutées à cette lettre.

Il y a quelques jours j'ai reçu de sa part une lettre datée de Kbouang-yuan-hsien. Il est impossible de vous envoyer cette lettre parce que j'ai dû la remettre à M. You, le comptable de la banque Bao-cheng. Mais je vais vous raconter, vénérable beau-père, ce qu'écrit votre lumineux fils dans cette lettre d'affaires. Ensuite vous verrez pour quelles raisons d'affaires je m'adresse à vous.

Votre lumineux fils dit dans sa lettre qu'il vous a fait le récit de ce qui lui est arrivé à Taï-yuan. Mais comme vous n'aviez pas encore de ses nouvelles au mois de novembre, il est probable que son écrit ne vous sera pas parvenu. Donc, il était resté à Taï-yuan jusqu'au moment où la cour impériale chassée de la résidence se retira dans cette ville. Malgré les lettres de recommandation qu'il avait prises avant son départ de Baoting, il n'a pu trouver d'occupation à Taï-yuan. Car il était membre des Grands Poings comme vous le savez, et les banques étant en relations d'affaires avec les missionnaires, qui ont résolu d'exterminer la Grande Société et peuvent déchaîner les hordes sanguinaires des barbares, tout le monde avait peur de l'occuper. En effet, les armées des Transocéaniens allaient suivre la route que la Cour avait prise. L'Empereur, en outre, avait fait afficher un manifeste disant que les membres de la Société devaient être traités comme des rebelles. Ce manifeste qui d'après la lettre de votre fils jeta le désarroi dans la Société, fut heureusement révoqué, mais votre fils trouva prudent de s'en aller, muni de lettres de recommandation pour Khouang-yuan, où, comme vous le savez peut-être, il y a un établissement affilié à la Société Yu-taï, lequel est dirigé par M. Tsien-taï-tchang. M. Tsien l'accueillit avec bienveillance et l'occupa comme comptable. La situation de la maison, cependant, devint de plus en plus difficile par suite de la stagnation générale des affaires. Or, votre fils avait mis dans la maison comme commanditaire la somme de mille onces qu'il avait pu retirer à temps à Bao-ting, et il s'aperçut bientôt que la maison allait à la faillite, et même de telle façon que les créanciers n'auraient pu être payés intégralement.

M. Tsien qui jouissait d'un considérable crédit même sur le marché de

Tchang-tzia-gou est un homme au-dessus de tout soupçon. Il n'était certainement pas responsable du mauvais état des choses et n'eût sans doute pas survécu à la suprême honte de ne pouvoir payer le passif. Votre fils dans la lettre annexe dont je vous envoie une copie montre qu'évidemment la maison était bien dirigée et qu'elle aurait supporté la crise avec un fonds de réserve qui eût permis de payer les échéances courantes et d'attendre quelques mois avant d'entreprendre autre chose. Un fonds d'environ cinq mille onces aurait suffi. Or ce fonds existait.

La copie du chèque ci-jointe le prouve, et montre aussi de quelle façon infernale les missionnaires l'en ont frustrée.

(Traduction du chèque reproduit ci-bas)

« Chèque. Je, émetteur de ce chèque, Tsien-taï-tchang, par suite d'extrême nécessité, demande instamment au bureau de la banque Bao-cheng, sur le compte courant que je possède chez elle, soit sur les six mille onces d'argent qui m'appartiennent, de payer comptant à M. Ta-li-Fong, missionnaire catholique, la somme de cinq mille onces d'argent.

Donné à Khouang-yuan-hsien en Chan-si, an 26 de Kouang-sou, troisième mois, cinquième jour.

L'emetteur de ce chèque Tsien-taï-tchang.

TSIEN-TAÏ-TCHANG, banquier. »

滙兌單

立滙兌單人乾泰昌今因

啓泰金店櫃存㪚處銀陸佰兩現　有急需務懇兌銀伍佰兩面交

大理公老爺天主教人收領恐後無憑特立此單為據

山西洪洞原縣光緒二十六年三月五日立滙兌單人乾泰昌　乾泰昌　花押

乾泰昌金之舖

71

Cet ignoble chantage avait été perpétré de la façon suivante. Les missionnaires et leur chef M. Ta-li-goung avait pour leur commerce de soie un compte-courant ouvert chez M. Tsien.

Mais depuis que les Grands Poings avaient donné l'assaut aux Transocéaniens, le commerce allait assez mal. Les missionnaires prévoyaient probablement qu'ils allaient être tués comme il était juste. Aussi avaient-ils réussi à transporter beaucoup de marchandises vers la mer qu'ils payaient comme autrefois avec des traités sur la maison Tsien-taï-tchang. Mais leur compte dans cette maison était épuisé.

Les créanciers de M. Ta-li-gong se présentaient en nombre chez M. Tsien. Ce dernier leur déclara que le compte-courant était épuisé.

Ils répondirent que c'étaient sur le crédit de Tsien qu'ils avaient vendu à crédit à M. Ta-li-kung, et que, par conséquent, M. Tsien était responsable des pertes qu'ils éprouveraient si M. Ta-li-gong refusait de payer lui-même les traites. Ce dernier naturellement refusa. On allait porter l'affaire devant le juge. Mais le juge déclara que cette affaire était du ressort des juges du pays de M. Ta-li-gong. M. Tsien ne voulant pas payer pour M. Ta-li-kung, établit véritablement que le compte des missionnaires était épuisé. La population s'indigna contre ceux-ci. Aussi M. Ta-li-gong et les autres Transocéaniens prirent-ils la décision de partir ; les Grands Poings commençaient en effet la guerre, et il n'était pas possible de porter l'affaire devant le tribunal occidental. Les missionnaires rendirent visite au préfet, et lui imputèrent la responsabilité de tout, ils déclarèrent qu'ils se plaindraient à leurs généraux et que la ville serait punie. Ils allèrent voir aussi M. Tsien, et lui dirent que si l'armée des Transocéaniens venait, elle détruirait tout, et qu'ils prendraient soin de le faire punir de toute façon s'il ne leur donnait pas l'argent qu'il fallait pour payer les créanciers. M. Tsien, craignant les hordes barbares et la terrible justice occidentale déféra à leur désir et donna le chèque de cinq mille onces. Il eut tort, car les Transocéaniens ne sont pas venus en Chan-si ; mais est-ce qu'il pouvait savoir ? Cependant M. Ta-li-gong alla toucher l'argent de M. Tsien chez Bao-Cheng. Mais au lieu de payer les traites des créanciers, il le chargea avec le contenu de ses maisons sur des chariots et partit.

Votre fils dit qu'on n'a plus eu de leurs nouvelles. Cette affaire avait ruiné M. Tsien avant que votre fils n'arrivât. Mais ce qui a empêché la maison de se relever, c'est que le public indigné et surtout les créanciers des marchands-missionnaires non payés, tournaient leur dépit contre la maison Tsien. Il n'y eut plus ni crédit ni affaire. L'argent de votre fils qui avec son habileté espérait relever l'affaire y passa comme l'autre.

Comme il n'y a plus de possibilité de faire des affaires sans autre appui, votre fils m'a écrit pour que je fasse dans l'établissement Bao-Cheng ici des efforts pour faire ouvrir à la maison Tsien un crédit dans notre ville. Comme Bao-Cheng ont ici une place prépondérante, leur appui relancerait l'affaire à Khouang-yuan aussi. Votre appui, mon vénérable Beau-père, serait cependant décisif. Je crois que votre excellent fils ne trouvera pas le courage de vous exposer sa mauvaise situation. Je me fais donc son porte-parole auprès de vous. Et moi-même étant dans une situation très précaire maintenant, j'ose vous proposer pour votre honorable fils, de faire ouvrir ici chez Bao-Cheng un compte-courant pour que l'affaire de Khouang-yuan soit consolidé même si Bao-Cheng refusent de s'engager dans l'affaire.

Votre exemple les déciderait sûrement. Un compte de mille onces suffirait, je crois, pour entraîner la chose dans la bonne voie. Et j'ose attendre votre prompte réponse à ma proposition. Car les demandes de crédit qui de toute part arrivent aux banques sont nombreuses. Et presque tous les cas sont analogues à celui de votre lumineux fils.

Pourquoi le Ciel permet-il ces méfaits à ceux qui disent propager la doctrine du Seigneur-du-Ciel ?

Mais tout vient du Ciel, tout rentre au Ciel.

Les malheurs sont si nombreux qu'on ne saurait les décrire. La détresse est sans fin.

Notre ami Hsi-fo envoie en même temps une lettre à M. Ta-li, votre estimable compagnon. Ce qu'il dit, montre que les mêmes malheurs frappent tout le monde. Le Ciel fait ainsi pour consoler. Car, c'est de voir la différence entre moi et les autres qui

fait que je suis triste. Je prie pour votre bien-
être.

TSIEN-LAO-GONG.

LETTRE PERSONNELLE EXPEDIEE DE LA VILLE
DE TCHANG-TZIA-GOU LE 2 FEVRIER 1901

A M. LE LICENCIE TA-LI CO-ADMINISTRATEUR
DE LA COMPAGNIE BAO-TCHOUEN-CHANG AU
MAÏ-MAÏ-TCHENG D'OURGA.

Très respectable Monsieur et Cousin !

« Que les liens de la famille soient plus forts
que les malheurs ». J'ose vous citer ce vers
avant de vous exposer le but de cette lettre.
Et quoique je craigne que ce but ne vous
semble dépasser les prétentions que le degré
éloigné de notre parenté me permet, j'ose
m'adresser à vous parce que vous serez
d'autre part heureusement surpris.

Mon frère cadet n'est pas mort ! Nous
nous sommes trompés en le croyant. Il est
arrivé chez moi, il y a à peine dix jours. Il
est sain et sauf. Mais dans quel état est-il
arrivé. Dénué de tout, affamé, sans

vêtements presque, et après avoir tout perdu. Son sort et celui de ses compagnons était épouvantable. Après plus de quatre mois de fuite ténébreuse il a pu se sauver jusqu'ici. Et moi, appauvri, au milieu de mon deuil, ruiné, privé de tout par l'action infernale des Pous, m'est-il possible de le secourir ?

Mais avant de vous dire ce que j'ose vous proposer, lisez pour savoir que les malheurs de mon frère sont immérités. Pourquoi, cependant, Fo peut-il permettre que ses serviteurs pâtissent sous les abominables crimes des hommes qui propagent la doctrine du Seigneur-du-Ciel ? Ces immondes menteurs, usuriers, rompeurs de contrats, voleurs, et qui sont en dehors des lois, comment le Ciel juste ne les punit-il pas ?

Si mon frère a échappé à la mort, c'est qu'il est distingué par le destin. Le couvent de Liang-hsien, en effet, a été détruit et tout le monde a péri, comme on l'avait déjà raconté. Mais tout cela ne serait pas arrivé sans ces animaux carnassiers de missionnaires. Il y avait à proximité de l'endroit, des protestants et des catholiques, gens riches et dont le commerce prospérait. Ils avaient réussi à faire entrer dans leur Société beaucoup de chinois qui trouvaient par là un gain considérable et qui profitaient des malversations de leurs patrons transocéaniens. Les dignes moines, en fervents adorateurs de Fo, s'en affligeaient, conseillaient au peuple d'éviter ces commerçants peu scrupuleux et donnaient l'exemple comme il sied.

Quand la Société des Poings de l'Équitable Harmonie procéda à la punition des criminels transocéaniens, le couvent, devint pour l'endroit le temple de la bonne cause. Les moines, comme il sied, ne voulaient pas de meurtre. Ils voulaient chasser ces usuriers par la seule menace.

Leur bonté leur devint poison. Les armées transocéaniennes arrivèrent. La fureur du peuple augmentait et les missionnaires partirent. Mais avant de se mettre en route, ils rendirent visite au vénérable prieur du couvent, et au dire de mon frère, à beaucoup de gens aisés. Ils exprimèrent au prieur leur reconnaissance de ce qu'il eût calmé le peuple et lui promirent de protéger le couvent de leur côté quand plus tard l'armée occidentale viendrait punir la Grande-Société, mais ajoutèrent que pour lui assurer la sécurité, il leur fallait dix mille onces d'argent, de quoi corrompre le chef des troupes de leur pays. Le prieur donna l'argent. Le même jour encore vinrent les autres, les catholiques, qui répétèrent la même chose, en ajoutant que leur pays étant différent, il leur fallait de leur côté la même somme, dans le même but. Le prieur sachant que les houles occidentales sont irrésistibles, donna. Chez beaucoup de gens, des scènes analogues se produisirent.

Tout le monde, donc, bien qu'inquiet, se crut garanti contre les horreurs de la guerre. On resta et personne ne cacha son avoir. Le couvent contenait, outre la vénérable bibliothèque, l'avoir personnel de chaque moine. Ils étaient quatre-vingt sept.

Quand les barbares eurent occupé la Résidence, et qu'ils ravagèrent le pays ils arrivèrent jusqu'à Liang-hsien. Deux des missionnaires les accompagnaient comme interprètes. Une fois entrés dans la ville, ils assassinèrent tout le monde, pillèrent et incendièrent les maisons.

Voyant cette horreur, le prieur à la hâte fit fermer la porte du couvent. On le somma de la faire ouvrir. Mon frère dit que si l'on avait ouvert, tout se serait peut-être bien passé, les missionnaires ayant donné leur engagement. Hélas ! il ne voulait pas croire que les barbares savaient qu'il y avait de l'argent au couvent! Le prieur ne fît pas ouvrir. Les barbares tirèrent, puis enfoncèrent la porte. Et les saints hommes sans armes furent abominablement assassinés. Mon frère qui est faible de cœur, s'évanouit. Ils ont dû le croire mort.

Ils ont brûlé le couvent. Le dépôt d'argent avait naturellement disparu. Mon frère s'est réveillé par la chaleur. La fumée était dense. Il pouvait sortir, les barbares ayant quitté la rue. Il rencontra des citoyens qui fuyaient. Il les suivit à Tso, où les barbares n'étaient pas encore arrivés. Il lui fallut mendier. Il tomba malade. Il rendit visite au maire de Tso. Il lui raconta son histoire. Le magistrat lui répondit qu'un arrangement semblable avait été pris par lui, et que les missionnaires avaient voulu le dénoncer comme Membre de la Société.

Quand les barbares arrivèrent à Tso, ce digne magistrat prit la fuite avec mon frère. Eux et beaucoup d'autres sont restés plus de deux mois près de Choui-laï dans les montagnes. Puis, plusieurs étant morts de froid, ils sont redescendus. Ils ont erré. Mon frère, désespéré prit la charge d'un muletier ; ainsi par combien de détours et dangers il est arrivé jusqu'ici. Il faut lire les anciens romans de maître pour savoir ce qu'il a enduré.

Très respectable Cousin ! vous voyez quel est le malheur de mon frère qui est honorable comme prêtre. Il voudrait partir pour So-Ping pour y rentrer dans le couvent. Or lui et moi, nous sommes dépourvus de tout. Aussi osé-je vous demander, vu l'affreuse situation où nous nous trouvons, de me prêter deux cents onces aux conditions usuelles que je rembourserai à la reprise des affaires. Votre chèque sauvera la vie et la dignité de mon frère. Je vous vouerai toute ma reconnaissance.

Je suis heureux de ce que vous ne souffrez pas des malheurs qui nous affligent et je prie pour votre santé.

HSI-FO.

On peut tirer du sens de ces lettres deux conclusions importantes.

D'abord, en tant que documents, elles ne concernent pas des événements uniques, ne constituent pas une exception ; elles sont plutôt l'expression de la moyenne de très nombreux faits analogues. Puis, au point de vue politique, elles prouvent le vice inhérent à l'existence des missions et font voir les mesures indispensables à prendre pour sauver le petit reste de prestige que les gouvernements occidentaux pourraient encore sauver. C'est le côté de la question qui est le plus important.

Il serait téméraire de mettre en doute la bonne foi de l'immense majorité des chrétiens d'Europe et d'Amérique dont les sympathies vont aux missionnaires. De même les diplomates, les gouvernants et les grands industriels et commerçants, lesquels ne se préoccupent tous que d'intérêts plus ou moins matériels, sont convaincus sans doute que l'œuvre des missionnaires était indispensable pour préparer l'influence économique ou politique de leurs pays respectifs.

Mais tout le monde a été trompé, trompé par le préjugé de la supériorité européenne, trompé par la peur aveugle de n'avoir plus bientôt assez de débouchés pour l'industrie occidentale, trompé par la vanité nationale qui à tout prix appuie tout ce qui dans un sens ou dans un autre peut reléguer un rival au second plan, trompé enfin par les diplomates européens de Pékin qui, ne connaissant ni la langue, ni les institutions ni la situation du pays où ils se trouvent, se laissent avec une bienheureuse simplicité éclairer par les missionnaires mêmes. Voilà la source du mal. Il faut envoyer à Pékin non pas de petits chefs de cabinet ou d'anciens sous-lieutenants de dragons, mais des savants ; avant tout ne plus considérer Pékin comme une des premières étapes de la carrière, mais comme le poste le plus élevé, le plus difficile et le plus honorable : tout serait là. Mais peut-être qu'il est déjà trop tard.

Il est faux que les missions aient propagé l'influence de leur mère patrie en Chine. Pour exister même, les missionnaires sont forcés d'abandonner leur costume, leur langue, leurs habitudes, au point que le *Chinois ne sait presque jamais de quelle nationalité ils sont.* D'ailleurs il ne connaît même pas les nations européennes.

Répandre par exemple l'influence française, ne serait-ce pas faire que la France soit plus respectée que d'autres ? Mais si l'on ne sait pas plus ce que c'est que la France que les autres nations occidentales ? L'œuvre des missions pour le prestige de leur mère-patrie est nulle.

Il est faux que les missions aient propagé en général, l'influence pacifique de l'Occident en Chine. De quelque nationalité qu'elles fussent, elles n'ont jamais pu faire respecter les institutions européennes parce que celles-ci laissaient à désirer plus que les chinoises : le droit européen ne garantissait que l'impunité aux criminels ; les habitudes occidentales ne faisaient voir que grossièreté, brutalité, ignorance de barbares ; les hommes d'Occident ne satisfaisaient que des appétits peu respectables ; la foi d'Occident n'était que la foi dans la réussite d'affaires véreuses ; la science d'Occident ne servait qu'à exploiter le peuple, et les langues d'Occident ne servaient qu'à discuter des affaires et à mentir.

Il est faux que les missions aient propagé le christianisme en Chine. Le Chinois, héritier des sublimes pensées d'un Kong-tsze et d'un Lao-tsze n'a pas besoin d'une morale fondée sur une foi. Il n'a pas besoin de dogmes incompréhensibles. Il ne veut pas non plus d'une morale qui permet d'agir contre les notions qu'il a du droit, ni davantage de dogmes qui l'inféodent à une association qui est en marge de la société : les chrétiens de Chine leur semblent des traîtres qui vendent la morale pour un profit temporaire et illicite.

Il est faux que les missions aient préparé la voie à l'invasion économique que souhaite le capitalisme occidental. Elles l'ont fermée. Elles ont voulu garder pour elles-mêmes le profit de cette invasion. Ce faisant, elles ont discrédité complètement les procédés commerciaux de l'Occident. Leur exterritorialité judiciaire qui les a amenées à s'enrichir frauduleusement, a fait naître cette conviction populaire profonde qu'aucun occidental ne mérite confiance ; or, en Chine, la confiance dans la parole domine le commerce. Mais elles ont fait connaître aux Chinois, en partie, les moyens techniques de notre civilisation. Elles ont précipité ainsi le développement inévitable qui, un jour, fera de l'Europe le débouché de l'industrie chinoise. Seuls des commerçants pacifiques (comme les Russes dans le Nord) auraient pu faire œuvre utile : les commerçants, professionnels, auraient plus facilement résisté à la tentation de l'exterritorialité : et ils n'auraient pas eu assez d'influence sur leurs gouvernements pour se faire mettre à l'abri des rigueurs de la justice chinoise.

Il est faux que les missions aient relevé le niveau intellectuel en Chine. S'il y a des Chinois qui grâce à eux ont appris à lire et à écrire (le chinois ! bien entendu) c'était, il y a cinquante ans, les gens sans aveu qui ont fait la révolution des Taï-pings ; ce sont, à présent, dans un pays où l'instruction publique est dix fois mieux organisée que chez vous, des gens qui sortent on ne sait d'où, qui vont on ne sait où, et qui, comme quantité aussi bien que comme qualité sont négligeables.

Il est faux que les missions soient l'armée d'occupation pacifique. Ce sont elles, elles seules (en dehors de la ténébreuse conspiration russo-tibétaine qui sans elles n'aurait pas été possible) qui ont préparé l'invasion guerrière des hordes européennes. L'histoire le prouve.

Il est faux que les missions soient pour l'avenir les agents indispensables de l'influence occidentale — je veux dire quand le calme sera rétabli. Le contraire est vrai. Ce sont elles qui, aux yeux du peuple, ont fait naître les désastres de l'heure présente. Dans l'avenir ils incarnent le crime plus que jamais. Mais leur passé fût-il réellement irréprochable, l'état d'esprit du peuple devrait, dans l'intérêt même de l'Occident, amener les gouvernements non seulement à ne pas appuyer, mais à interdire, du moins pour quelque temps, les missions chinoises. Or, en présence des faits historiques qui font des missions le véritable obstacle au commerce pacifique entre l'Occident et la Chine, cette mesure est de toute première nécessité. Si elle n'est pas prise, les gouvernements protecteurs des missions se verront, et ce sont les Chinois qui le disent, d'ici peu forcés à se lancer dans de nouvelles entreprises militaires d'envergure colossale et qui les mettront, comme on l'affirme à Hsi-ngan, aux prises avec le nouveau protecteur officiel du bouddhisme tibétain : le Tsar. Celui qui laissera le protectorat des missions à un rival, sera sûr de l'emporter sur lui.

Il est faux que les missions doivent être maintenues dans l'intérêt de l'humanité pour ne pas abandonner les chrétiens chinois. Ces chrétiens, massacrés en nombre, non pour leur foi, mais pour avoir profité de l'injuste exterritorialité des missions, ont abandonné le christianisme plus facilement que les missionnaires leurs affaires. Les preuves en abondent. Et ceux qui restent chrétiens de conviction, sil y en a, n'ont besoin ni de prêtres étrangers, ni de la protection exterritoriale.

La religion d'État n'existe pas en Chine. Toutes les religions y vivent côte à côte, La tolérance est absolue. Mais la religion ne doit pas dispenser de se soumettre à la loi. Si les missionnaires n'avaient pas poursuivi d'autres objets que la propagation de la foi, jamais la population ne se serait levée contre eux. Mais, de l'aveu même des personnages officiels (croit-on peut-être qu'on ne lise pas en

Chine ?) les missionnaires sont les pionniers de la civilisation occidentale. Qu'on les remplace dorénavant d'abord par des savants, puis par des commerçants qui soient renseignés sur tout ce qui concerne leur difficile entreprise.

Il est faux que les missions doivent être maintenues et protégées officiellement parce que leur abandon constituerait une perte matérielle énorme.

Les bénéfices de l'exploitation des missions ont été fabuleux. Les chantages et les pillages des derniers temps s'y ajoutent. Elles recevront, en outre, à coup de mensonges et par d'abominables machinations, il est vrai, des indemnités fantastiques. Qu'on les leur donne sous la condition expresse quelles ne retournent plus en Chine ; l'argent ainsi dépensé porterait de gros intérêts moraux, matériels et politiques au pays qui oserait le faire.

Il est faux que la dignité européenne demande que les missions soient maintenues. La dignité demande qu'on ne se solidarise point avec une institution qui, *à l'insu de ses protecteurs*, a commis d'innombrables méfaits et amené une crise mondiale.

Il est certain, par contre, qu'une *conditio sine qua non* s'impose : l'abolition de l'exterritorialité, la soumission de tout le monde, missionnaires, commerçants, voyageurs, tous, à l'exception de la personne de l'ambassadeur, à la juridiction chinoise. Ainsi l'on verra si les missions religieuses étaient religieuses jusqu'à présent, et l'on verra si l'Europe est capable de l'emporter par la force de son travail sur la Chine. Si l'on n'adopte pas cette mesure, la mort et toutes les horreurs de la guerre régneront sous peu en Europe comme en Asie.

Le Tsar veille sur son empire futur et sur le peuple chinois, incarnation éternelle, merveilleuse, suprême de la force essentiellement humaine : du travail. Et ce peuple le sait, il a confiance dans l'avenir, et il a pleinement conscience de ce que sera son triomphe quand il aura vaincu par le Travail la folie destructive de la jeune et insouciante Europe.

De l'intellectualité chinoise

Une antinomie ethnopsychologique[2]

La Chine est le pays des continuités :
voilà pourquoi son observation est si
difficile pour l'Européen habitué à ne
s'apercevoir que des brusqueries de
l'histoire, des soubresauts des civilisations,
des entraves de révolution spontanée ; il voit
le contraste entre pauvreté et richesse là où
il n'y a que des conceptions populaires
différentes des nôtres sur la valeur des biens
terrestres ; il pense qu'un système
gouvernemental est à la fois précieux et
désastreux, parce qu'il diffère, dans ses

---

[2] Publié en 1901.

bases comme dans ses buts, des conceptions préconçues de l'Occident ; il croit y voir un mécanisme social très simple et cependant très compliqué, parce qu'il n'a jamais pu, faute d'étudier à fond et impartialement sa genèse, saisir les ressorts psychiques qui l'ont construit et qui le meuvent.

Vous avez devant vous un peuple unitaire par ses dispositions psychiques et qui, pour cette raison, peut impunément étaler dans sa vie extérieure une infinité de mœurs qui ne se tiennent que par le lien subconscient de leur origine. C'est un peuple dont l'organisation sociale est si merveilleusement logique que seule la folie classificatrice de l'Européen oserait lui reprocher d'être à la fois monarchique et démocrate... voire « inclassifiable ». C'est un peuple... quoi, serait-il patriote ? ne le serait-il pas ? c'est un peuple qui n'est jamais tombé assez bas pour se faire à la mentalité restreinte de ceux qui voient au-dessus des civilisations planer le spectre ridicule du hasard des naissances et des pugilats collectifs que ces hasards engendrent.

Vraiment une étude sur la Chine est pour l'Européen la chose du monde la plus difficile, puisqu'à chaque pas il doit détruire un préjugé pour seulement observer ; que, muni d'une logique différente de celle qu'il va étudier, il doit à chaque instant craindre de se tromper. Décrier ou louanger la Chine d'après des prédispositions personnelles, ce sera toujours facile. Mais pour la juger, il faut une objectivité qui fasse abstraction de la civilisation occidentale. Cette objectivité acquise, on n'a plus besoin de chercher un juste milieu entre les enthousiastes et les dénigreurs superficiels de la Chine qui pullulent en Europe. Rien n'est facile comme d'être impartial envers la Chine. Car les Chinois ont envers nous le « pathos de la distance ». Ils ne s'accrochent pas à la jupe (trop courte, hélas !) de la civilisation européenne ; nous leur sommes indifférents. Et cette hauteur, ce calme en présence des furieuses ruades de la bête occidentale est un trait de caractère dominant, qui doit nous les rendre sympathiques.

Les noirs, affreux, fainéants, menteurs, ivrognes, inspirent à l'Européen un profond dégoût, parce qu'ils peuvent rire pour rien comme des crétins, parce qu'ils peuvent pleurer comme des nouveau-nés, parce qu'ils ont l'ignoble faiblesse caractéristique des chiens, de lécher la main qui les tient en esclavage tout en les soignant, et parce qu'ils montrent la suprême humilité de l'âne qui reconnaît sans révolte que le muletier lui est supérieur... Tandis que les Chinois, eux, n'ont jamais eu la bassesse de penser qu'ils pourraient avoir besoin de nous. Ils nous humilient profondément par la sérénité de leur conception sociale : voire que pour être heureux, ils n'ont besoin que d'être laissés tranquilles ; tandis que nous autres Occidentaux, nous n'avons manifestement pas la possibilité d'être heureux par le travail pacifique, et nous trouvons acculés à d'horribles nécessités de violence et de meurtre.

Quand nous vantons aux Chinois les fleurs de notre civilisation, le capitalisme, le militarisme, le nationalisme, l'hypocrisie religieuse, et les moyens techniques modernes qui, au fond, servent surtout ces quatre cancers sociaux, quand nous leur vantons ces horreurs comme étant l'état de supériorité auquel ils doivent aspirer, ils nous regardent de leurs petits yeux en virgule (*virgule* vient de *verge*), ils plissent leur figure ronde, ils semblent nous dire : « Parle, mon ami, parle. Tu perds ton temps. Malgré tes téléphones et tes chemins de fer, tu n'es qu'une bête féroce et un imbécile. »

Et l'on a beau s'être muni, avant d'arriver là-bas, de tous les préjugés occidentaux, cette affirmation, depuis si longtemps répétée, intrigue et vous invite à étudier au lieu de vous vanter — à moins que vos tiroirs cérébraux ne se prêtent plus à un dérangement, salutaire mais toujours désagréable.

Voilà pourquoi nous arrivons à aimer les Chinois. Il y a là, avant tout, une question de probité intellectuelle.

Notre histoire qui ne raconte que changements sur changements, catastrophes, contorsions, folies éphémères et furieuses, incohérences, regarde avec une stupéfaction honteuse leur histoire, où il ne se passe rien d'insignifiant et d'extérieur, où, depuis tant de siècles, le développement ininterrompu de la vie pacifique des foules résume l'histoire nationale, où les épopées prétendues grandioses qui abêtissent les peuples ont été évitées, où la devise du progrès européen « par le feu et le fer » se trouve remplacée par cette autre : « par le travail »...

Ce qui constitue l'originalité de la Chine, c'est, non pas, comme on le croit en Europe, la subordination complète de l'homme-individualité à la famille, mais ce fait que l'individu est fixé dans la société par « les trois coordonnées de l'espace social », par les « trois relations », qui sont celles entre père et fils, entre homme et femme, entre dirigeant et dirigé. C'est ce système de relations (qui se trouve déjà entre trois individus constituant une famille) qui, sans cesse élargi, englobe enfin l'infinité de la race et devient principe d'État.

Vous trouverez des peuples où la première de ces « relations » est tout, mais l'État à peine soupçonné, comme chez les tribus nomades des Maures et des Touaregs.

Vous trouverez des peuples où l'ensemble des deux premières relations possède des droits portés au plus haut degré de puissance, où le père peut condamner à mort la mère ou l'enfant, mais où, en dehors de ce système patriarcal, et même en opposition complète avec lui, la troisième « relation », celle entre dirigeant et dirigé, agit sous le masque de l'État, gardant une autonomie d'autant plus complète qu'elle jette le désarroi dans le système patriarcal, entrave son fonctionnement, restreint et, au besoin, annule la prérogative paternelle, enfin détruit l'unité de l'organisation sociale et crée des complications psychiques qui empêchent le développement naturel des individus.

Vous trouverez des peuples où cet antagonisme entre l'ensemble des deux premières relations et la troisième devient aigu : l'État et la maison familiale, luttant pour la possession de la progéniture ; c'est alors l'incohérence du système social, la contradiction constante entre la morale de l'État (troisième relation, arrivisme, égoïsme, suppression du sentiment, dirigeant ou dirigé) et la morale naturelle (ensemble des deux relations purement familiales, attachement filial ou amoureux, passion, supra-utilitarisme, mouvements instinctifs) ; ces peuples qui usent leurs forces dans cette lutte intérieure inconsciente sont les plus malades, les plus inquiets, les plus près de l'agonie (l'Occident).

Vous trouverez enfin, non plus des peuples, mais des agglomérations d'individus où les deux premières relations n'ont plus d'efficacité, où la troisième, le principe de hiérarchie étatique, seule dirige, où la base de la vie en commun est une base politique : monarchique, oligarchique, communale, républicaine...

Vous ne trouverez pas un autre peuple comme le peuple chinois : les trois relations se confondant à titre égal pour former non pas un État qui serait une amplification de la famille, mais une vaste *société coopérative et mutuelle de civilisation* qui n'a pas besoin d'être « dirigée » dans son ensemble, qui n'a pas besoin d'État, qui institue la relativité mutuelle même de la catégorie « dirigeant et dirigé », et qui pour cela constitue une unité au point de vue civilisation, mais ne connaît même pas le point de vue État ou politique.

(L'esprit européen est, à ce qu'il semble, encore trop grossier pour savoir faire la distinction, nécessaire et assez palpable déjà aux Chinois, entre « peuple », « nation », « État » et « patrie ». Tout cela est, pour le pauvre Occidental, plus ou moins la même chose ; mais ce n'est peut-être pas une raison pour en faire pâtir les Orientaux. Il est absolument nécessaire d'ériger une infranchissable barrière logique au moins entre les groupes « peuple, nation » ; et « état, patrie ». Car si les deux premiers sont considérés comme unités sociales basées sur la coopération des « trois relations », voire des groupements qui se distinguent par des atavismes, croyances, mœurs, habitudes, civilisations caractéristiques, les deux derniers sont des unités créées exclusivement sur la base de la troisième relation « dirigeant et dirigé » ; ils n'ont, comme tels, aucune signification pour la vie, la force, la valeur, l'avenir d'un peuple ou d'une nation. Aussi longtemps que la pseudo-science occidentale pataugera dans la confusion (due aux sophismes étatiques des Romains) entre nation et état, entre civilisation et politique, entre vie populaire et artifice de désœuvrés, il sera impossible de sortir des immondices sous lesquelles des écrivains prétentieux et ridicules ont enseveli les données limpides de la simple observation ethnologique).

La Chine donc, comme unité nationale, est bien réellement un type unique. Et cela constitue en même temps sa grande force et sa petite faiblesse.

Sa faiblesse : parce que la rigidité du système des trois coordonnées sociales maintient une discipline morale et sociale, en la faisant reposer exclusivement sur deux éléments qui la peuvent bien rendre indestructible, mais qui peuvent aussi bien s'écrouler par suite de simples divergences de sentiments individuels : l'amour et le respect. (Et nous voyons ainsi que, ces deux dispositions sentimentales éteintes dans un individu, ce dernier se trouve aussitôt hors du système social, être anti-social, criminel).

Sa force : parce que cette discipline, fortifiée par l'hérédité, la sélection, l'adaptation, devient l'immense canevas qui sert en même temps de champ de manœuvre et de guide de la vie. Il y a dans cette discipline psychique, dans la création d'une unité psychique (laquelle seule peut être le signe distinctif d'une nation), la colonne vertébrale et le crâne, et la moelle épinière et le cerveau d'un peuple. Ses mouvements réflexes, subconscients, en dépendent comme ses actions conscientes d'apparence ; il y a l'appui qui assure son unité ; il y a aussi le réservoir de son intelligence, le schéma de sa logique, les conduits de sa volonté. L'unité de la conception et du sens de la vie devient ainsi parfaite : la « troisième relation », confondue dans cette unité, n'est pas ressentie comme une opposition aux deux autres. La coordonnée « dirigeant et dirigé », c'est-à-dire, dans la forme européenne, l'idée de gouvernement, politique, État, régime, disparaît en tant que source de dissentiments. La vie du peuple, psychiquement un et indivisible, résume tout. L'État, superflu, inexistant comme organisation différente de celle de la vie populaire, ne saurait être l'objet de raisonnements ou d'actions populaires. Voilà pourquoi, en Chine, des révolutions, des révoltes, des critiques politiques sont de suite des révoltes contre l'unité civilisatrice du peuple : des crimes. Seul l'Occident barbare a pu prétendre qu'une nation qui ne se révolte pas ne progresse pas. Au contraire, ce qui se révolte n'est pas une nation, mais une agglomération d'individus qui n'a pas su s'organiser de façon à ce que la catégorie « dirigeant et dirigé » soit coordonnée aux deux autres. La nation commence où l'État cesse. Une nation progresse à mesure que son unité psychique s'accentue. Un État qui progresse est l'État qui détruit cette caractéristique de la nation.

Un État qui progresse, qui accentue la relation « dirigeant et dirigé », va à l'encontre de la tâche qui incombe à la nation, empêche la nation de remplir son premier devoir, qui est d'aider au développement intégral de l'individu en lui donnant le moyen de se fixer librement, sincèrement, et en conformité avec ses facultés, donc d'après son droit naturel, la place qui lui convient *dans le système des trois coordonnées de l'espace social.* Seule une nation qui résume son activité collective à créer une organisation de la vie aussi apte que possible à réaliser ses données, existe. La Chine, seule, existe comme nation.

Ces principes de la psychologie nationale des Chinois une fois constatés, rien ne saurait se faire aussi logiquement et avec autant de clarté que l'étude des qualités psychiques du Chinois comme individu. À l'encontre de l'âme hybride que montrent la moyenne des Européens modernes, et qui, forcément, devient plus énigmatique dans ses manifestations à mesure qu'on l'étudie, il est facile d'analyser ainsi, d'après leurs manifestations extérieures, les énormes supériorités du Chinois, les vigoureuses facultés issues de l'adaptation quasi-parfaite aux circonstances qui lui assurent une vitalité bien faite pour effrayer l'inconstant Européen.

C'est, avant toutes choses, l'extraordinaire, le sublime raffinement du système nerveux. La mystérieuse supériorité d'avoir une sensibilité merveilleuse pour toutes les voluptés, et une insensibilité stupéfiante pour toutes les douleurs, une patience inlassable dans les entreprises dont la réussite dépend de circonstances en dehors de l'individu, et un élan irrésistible dans les actions issues de mouvements purement individuels, l'indestructible force inconsciente qui fait que les nerfs réagissent toujours au plus grand profit de l'organisme, la suprême perfection dans ces réactions mêmes, enfin la formidable agressivité de l'énergie nerveuse qui à tout instant dompte l'extérieur et qu'on a appelée stupidement de l'apathie : c'est l'organisation de vie subconsciente la plus admirable que l'on constate sur la terre chez un ensemble d'individus.

Il se couche et il s'endort n'importe où, sur une marche d'escalier, sur un tas de pierres, et il reste là, sans bouger, comme un tronc d'arbre. Coupez-lui un membre, c'est à peine s'il criera. Mais aussi, observez sa volupté extrême à goûter d'imperceptibles nuances, dans le manger, dans le boire, dans l'amour, dans les couleurs et les lignes ; admirez l'extase où le jettent de savantes et lointaines allusions, des associations d'idées primesautières ; comprenez ses calembours raffinés, ses satires formidables basées sur d'infinitésimales ridiculités, ses ironies déroutantes, son acuité tranchante qui est du Nietzsche cent fois nietzschisé...

Il est admirablement organisé pour vivre, pour jouir et souffrir, pour... mourir. Persévérant, robuste, travailleur acharné, économe, industrieux : le côté extérieur de la vie ne l'opprime pas. Et la vie lui est indifférente. À la moindre contrariété, il est capable de s'ouvrir le ventre et de mourir, stoïquement : parce que lui-même il en décide ainsi. De maladies, il meurt sans regret, calme, stoïque parce qu'il se voit dans l'enchaînement fatal et continu de la marche du monde. Dans la guerre, il fuit la mort : car la guerre, immorale, interrompt le cours de la nature ; se laisser tuer à la guerre, c'est le crime, c'est prêter assistance aux bêtes féroces qui, en tuant, s'insurgent contre l'éternelle continuité de la vie de l'univers.

Ah, la clarté, la sublime clarté des principes de ces « lâches ! »

Même clarté, encore, dans ce que les Européens, prétentieux et bornés, s'obstinent à vouloir appeler la religion des Chinois.

Le Chinois est-il monothéiste, polythéiste, athée ? Il n'est rien de tout cela, et, résultat splendide, il est religieux. Les idées chamaniques millénaires, qui n'étaient que l'anthropomorphisation simpliste des phénomènes naturels, furent subtilisées par la philosophie sociale de Kong-tsze et Lao-tsze au point de ne plus constituer que des symboles à l'usage des foules. Et si, plus tard, les foules populaires ont montré ce trait caractéristique de toutes les foules, qui consiste à reconstruire, derrière les symboles, des réalités, c'est un fait qui relève du folklore et non de la religion, de même que cela se présente chez tous les peuples. Les superstitions populaires chez les Chinois ne sont au fond que la concrétisation de symboles qui étaient à la philosophie sociale ce que l'art grec était à la morale chrétienne. Mais ce qui est admirable, c'est que ces superstitions se soient, sous les coups de la philosophie, mises en dehors du flux de la vie sociale, enkystées dans la rigidité du rite, et que le système des trois « coordonnées », « relations « ou » dimensions » sociales soit devenu, en même temps, croyance religieuse, théorie philosophique et pratique sociale.

Dans ces conditions, il n'est que naturel qu'une nouvelle croyance, plutôt un nouveau système de superstitions, le bouddhisme déchu du Yogatchara et le bouddhisme transformé du Thibet, n'ait point changé les conceptions raisonnées qui dominaient déjà en Chine. Le peuple chinois en a pris certains symboles pittoresques et mystiques, tout en les modelant à son image. Ce sont des emprunts, c'est une superposition d'extériorités qui n'a jamais rien eu à faire ni avec le fond du bouddhisme, ni avec le fond de la « socialité » chinoise : et cela d'autant moins que les principes de la *morale* bouddhique, en tant qu'ils sont réalisables dans la vie, sont identiques aux principes de la *philosophie* chinoise.

Ainsi, à un moment où les autres peuples se construisaient de monstrueux échafaudages de *croyances* pour appuyer les règles de conduite indispensables dans la vie en commun, les Chinois basaient déjà ces mêmes règles sur le *savoir*. D'emblée, il n'y eut chez eux ni mythologie toute-puissante, ni anthropomorphisation des prémisses primordiales, mais une métaphysique éblouissante, une recherche sagace, enthousiaste et victorieuse des principes premiers. Le Chinois est positiviste. Il ne se contente pas des platitudes ataviques et vagues qui règnent sur l'esprit occidental encore de nos jours. Quand Lao-tsze, le plus grand penseur de l'humanité, le merveilleux métaphysicien dont Kong-tsze prit le principe pour en déduire sa sociologie, il y a vingt-cinq siècles, formula dans toute sa splendeur l'axiome de l'évolution (contestée en Europe encore maintenant), la laborieuse, fantastique et romantiquement inutile histoire philosophique de l'Occident se trouvait devancée avant même son commencement. Les propositions de la nature de Dieu, spectres de l'enfantillage anthropomorphisateur indo-européen, qui hantaient jusqu'à Voltaire et Comte, et que Nietzsche lui-même était encore forcé de conjurer ; le théorème de l'immortalité de l'âme, manifestation d'un esprit rudimentaire qui ne sait encore différencier l'homme et le milieu ; tout cela avait déjà été banni du cercle de la logique : c'était déjà illogique, et l'esprit se trouvait délivré d'innombrables préoccupations inutiles, sinon nuisibles, qui pèsent encore sur l'intellectualité moyenne de l'Occident.

Jamais ils n'ont eu besoin d'une critique de la raison « pure » ou « pratique ». Ah, les rires qu'on entend, quand à des savants chinois on lit, en chinois, les platitudes éhontées et astucieuses, par lesquelles Kant arrive de son impératif catégorique illusoire à la reconstruction de tout un déisme insipide et populacier !

Le Chinois, depuis vingt-cinq siècles n'a plus varié... quant au fond de son intellectualité : car la critique était faite, donc inutile. Morale, conscience, caractère, les trois phénomènes psychiques les plus intéressants au point de vue social, tout est intact, parce qu'inébranlable, parce que fondé sur une logique débarrassée de tout ce qui n'est pas conforme à la stricte réalité.

Les vieux sages nationaux, ceux qui sont la fin de la « lutte pour la logique » antérieure, mais non plus connue de nous, le Chinois les écoute encore : car ils lui donnent la base stable, sur laquelle il érigera sa vie.

Point n'est besoin de citer les sublimes constatations de Lao-tsze, les conclusions délayées, popularisées, et d'autant plus efficaces de Kong-tsze, les théorèmes sociologiques de Meng-tsze et les innombrables traités de philosophie appliquée que nous montre la bibliographie chinoise.

Piété filiale, harmonie familiale, aspiration sociale : tenu en équilibre par les liens également forts de ces trois coordonnées, on se trouve dans l' « immuable milieu ». Voilà l'idéal.

Mais, piété filiale, harmonie familiale, aspiration sociale : ce sont des dispositions individuelles, des dispositions même passionnelles. Et ces dispositions devraient, dans la théorie, s'équilibrer.

Non la famille, non le respect, non l'égotisme : aucune de ces trois choses n'est apothéosée dans la sociologie chinoise.

Le Chinois est soumis à son père, à tous ses ancêtres, à tous ses morts, mais il est aussi bien soumis (et avec la même nécessité) à tous ses amours, à toutes ses préférences, à toutes ses sympathies, et de même à toutes ses ambitions, à toutes ses prévoyances, à tous ses buts. Il vit comme ses morts, dans la logique ; il vit comme ses aimés, dans le sentiment ; il vit comme seul lui-même, dans sa volonté.

Et plus il va, et plus il perfectionne sa faculté d'équilibrer ces trois forces psychiques vitales.

Et plus il va, et plus le mépris de tout notre appareil scientifique qui ne lui semble avoir pour conséquence que de remplacer l'humain par le matériel, le travail par l'immobilité désindividualisatrice, s'affirme sur sa face dure et placide.

Mais ne changera-t-il pas d'avis, un jour ? Il est des gens en Europe qui se l'imaginent. Déjà ces prophètes bornés qui ne voient l'action d'un peuple que dans sa férocité guerrière, le voient créer une armée, couvrir son sol d'usines à matériel de meurtre ; ils le voient devenu par sa formidable masse la grande horde conquérante du nouveau Djinghiz qui engloutira l'Occident.

Ces prédictions effrayent peu, basées qu'elles sont sur une ignorance absolue du caractère chinois. Mais la prédiction qui devrait effrayer n'est faite que rarement : pour la voir se réaliser, point n'est besoin que le Chinois change.

La nation chinoise, si vieille, est toujours également jeune. Depuis le titan

Pouan-kou, fils du Chaos, qui sculpta l'écorce du globe et, son œuvre achevé, se fondit dans la nature ne laissant sur terre que la vermine qui couvrait son corps, c'est-à-dire les premiers êtres…, depuis Fou-hsi, le premier roi, et le grand Yu, le fondateur de la dynastie qui régna avant la naissance d'Abraham…, depuis Hoang-ti qui refoula les Tartares et bâtit la Grande Muraille, les Jaunes ont vécu des milliers et des milliers d'années sans voir leur vitalité diminuer. Ils sont aussi frais que jamais. Les *peuples* ne s'usent pas comme les individus qui les composent : les *États* s'usent comme les hommes, car ils dépendent des hommes ; les peuples, et avant tous, les peuples dont l'unité n'est basée ni sur la politique, ni sur l'intérêt commun, mais sur une disposition psychique caractéristique et créatrice d'une civilisation, ces peuples (mais où sont-ils en dehors de la Chine ?) non seulement ne meurent pas, mais se fortifient indéfiniment, car la sélection fera survivre toujours les dispositions caractéristiques les plus fortes, partant les éléments les plus utiles à cette unité nationale psychique.

L'Égypte est morte, basée sur la politique ; la Perse est morte, de même ; l'Inde est morte, basée sur une logique disparate ; la Mongolie est morte, basée sur l'intérêt commun mais s'affaiblissant... et c'est pour cela que la Chine, à son tour, finirait ? — par quelle dérogation à la loi de l'évolution ? — La Chine, basée sur une unité psychique ; la Chine, incarnation de la suprême force humaine, le travail, stabilisé par cette unité ; la Chine, immense et merveilleux réceptacle de la plus forte, de la plus juste, de la plus psychologique, de la plus logique des organisations ; la Chine, inébranlable société coopérative et mutuelle…

Ces lignes qu'écrivait (à cette différence près que le sens de chaque phrase se trouve ici exactement renversé) M. Gaston Donnet en 1899, à la suite d'un premier voyage en Extrême-Orient, et auxquelles il ne trouve pas maintenant grand-chose à ajouter, enseignent dans leur forme nouvelle que voici, un fait capital que l'Europe devrait bien méditer. C'est que, même après le siège de Tien-tsin et de Pékin qui ne montre que la plus grande science destructive au service de la barbarie occidentale, même après les vaines menaces de Tong-fou-hsiang et du prince Tchouan, qui ne prouvent rien pour la mentalité chinoise, tous les deux étant non-chinois, mandchous, guerriers, méprisés de la nation chinoise ; il faut ouvrir les yeux et reconnaître que le résultat de l'invasion européenne en Chine est nul pour l'Occident, utile uniquement à la nation chinoise, qui travaille et qui travaillera. Il faut enfin renoncer à rire de tout ce qu'on ne comprend pas, renoncer à croire que dans la vie des civilisations les engins de la destruction donnent la supériorité : non, c'est l'énergie patiente, le travail tranquille et acharné, *la force de pouvoir supporter la paix* qui l'emporte.

Europe guerroyante, voilà le péril jaune.